KB275073

자동암기 필수 영어 어원 50

⟨배송비 절약문고 16 (3,300원)⟩

차례

활용법

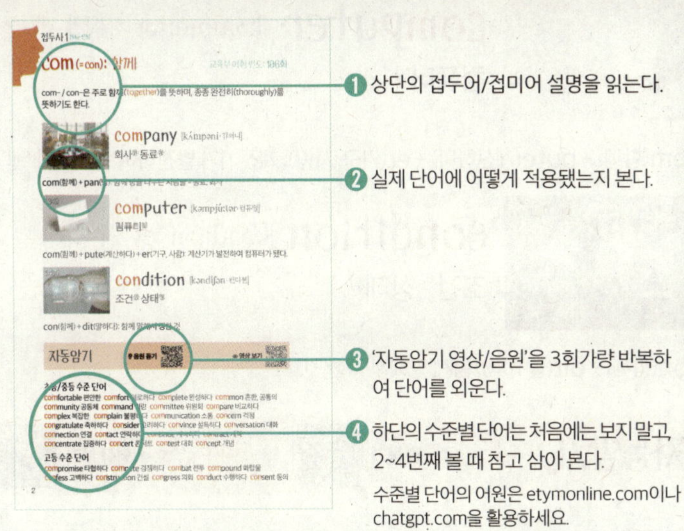

❶ 상단의 접두어/접미어 설명을 읽는다.

❷ 실제 단어에 어떻게 적용됐는지 본다.

❸ '자동암기 영상/음원'을 3회가량 반복하여 단어를 외운다.

❹ 하단의 수준별 단어는 처음에는 보지 말고, 2~4번째 볼 때 참고 삼아 본다.

수준별 단어의 어원은 etymonline.com이나 chatgpt.com을 활용하세요.

참고

접두어/어근은 '뜻' 위주로 익히고,
접미어는 뜻보다는 '무슨 품사(명사/동사/형용사/부사)를 만드는지'를 위주로 익힙니다.

교육부 선정 어휘에서 더 많이 쓰인 접두어/접미어/어근부터 수록했습니다.

사진의 좌상단 숫자는 '원어민의 사용빈도'로서,
자세한 내용은 ⟨자동암기 중등 영단어 600⟩을 참고해 주세요.

1 com (= con): 함께

교육부 어휘 빈도: 106회

com- / con-은 주로 함께(together)를 뜻하며, 종종 완전히(thoroughly)를 뜻하기도 한다.

company [kʌ́mpəni=컴퍼니]

회사(명) 동료(명)

com(함께) + pan(빵): 함께 빵을 나누는 사람들

computer [kəmpjúːtər=컴퓨털]

컴퓨터(명)

com(함께) + pute(계산하다) + er(기구, 사람): 계산기가 발전하여 컴퓨터가 됐다.

condition [kəndíʃən=컨디션]

조건(명) 상태(명)

con(함께) + dit(말하다): 함께 말해서 정한 것.

자동암기

 음원 듣기　　　　 영상 보기

초등/중등 수준 단어

comfortable 편안한 comfort 위로하다 complete 완성하다 common 흔한, 공통의
community 공동체 command 명령 committee 위원회 compare 비교하다
complex 복잡한 complain 불평하다 communication 소통 concern 걱정
congratulate 축하하다 consider 고려하다 convince 설득하다 conversation 대화
connection 연결 contact 연락하다 continue 계속하다 contract 계약
concentrate 집중하다 concert 콘서트 contest 대회 concept 개념

고등 수준 단어

compromise 타협하다 compete 경쟁하다 combat 전투 compound 화합물
confess 고백하다 construction 건설 congress 의회 conduct 수행하다 consent 동의

2 re: 다시

re-는 주로 다시(again)를 뜻하며, 종종 뒤로(back)을 뜻하기도 한다.

repeat [ripíːt=뤼피잍(티)]

반복하다⑧

re(다시) + pete(추구하다): 다시 추구하면서 반복하는 것.

remind [rimáind=뤼마인드]

상기시키다(=생각나게 하다)⑧

re(다시) + mind(마음): 마음에 다시 떠올리며 상기시키는 것.

return [ritə́ːrn=뤼털언]

돌아오다⑧ 돌려주다⑧

re(뒤로) + turn(돌다): 뒤로 돌아서 돌아오거나 돌려주는 것.

자동암기

 음원 듣기

 영상 보기

초등/중등 수준 단어

recreation 오락 record 기록, 녹음하다 relax 휴식하다 respect 존경 report 보고하다
research 연구 release 출시하다, 풀어주다 remain 남다 repeat 반복하다 refuse 거절하다
request 요청 remove 제거하다 review 검토, 복습하다 react 반응하다 replace 교체하다
result 결과 respond 응답하다 recommend 추천하다 recover 회복하다 receive 받다
require 요구하다 repair 수리하다 reply 대답하다 recycle 재활용하다

고등 수준 단어

regret 후회하다 revenge 복수 rescue 구조하다 recall 회상하다 reward 보상
reverse 반대로 하다 resume 재개하다, 이력서 restore 복원하다 retreat 후퇴하다
reform 개혁하다 recruit 모집하다 revive 되살리다 remedy 치료법 revise 수정하다

3 de: 아래로

de-는 주로 아래로(down)을 뜻하지만, 완전히(completely)나 떨어져서 (away)로도 쓴다.

depend [dɪpénd=디펜드]

의존하다⑧ 달려있다⑧

de(아래로) + pend(매달리다): 누군가에게 아래로 매달려서 의존하다.

depress [dɪprés=디프뤠시]

우울하게 하다⑧

de(아래로) + press(누르다): 아래로 눌러서 우울하게 만든다.

destroy [dɪstrɔ́ɪ=디ㅅ트로이]

파괴하다⑧

de(아래로) + stroy(쌓다): 아래로(반대로) 쌓아서 파괴하다.

자동암기

🎧음원 듣기 　👁 영상 보기 

초등/중등 수준 단어

decide 결정하다　design 디자인, 설계하다　deserve 받을 자격이 있다　defense 방어, 변호
deny 부정하다　deliver 배달하다　describe 묘사하다　demand 요구하다　debate 토론하다
delay 지연시키다　develop 개발하다, 성장하다　determine 결정하다　define 정의하다
definite 확실한　detect 탐지하다　delight 기쁨　demonstrate 보여주다

고등 수준 단어

defend 방어하다　description 설명　defendant 피고인　deposit 예금, 보증금　deficit 적자
defeat 패배시키다　declare 선언하다　destruct 파괴하다　dedicate 헌신하다
deprive 박탈하다　delete 삭제하다　decline 감소하다, 거절하다　deficiency 결핍
decay 썩다　depart 출발하다　descend 내려가다　detach 분리하다　decrease 감소하다

4 in(=il, im, ir): 안에, 아니다

교육부 어휘 빈도: 50회

in-은 주로 안에(in)을 뜻하지만, 종종 아니다(not)를 뜻하기도 한다. 다만 형태가, l 앞에서는 il로, b/m/p 앞에서는 im으로, r앞에서는 ir로 변한다.

intend [inténd=인텐드]
의도하다⑧

in(안에) + tend(뻗다): 마음 안으로 뻗어 의도한 행동.

informal [infɔ́:rməl=인폴멀]
비격식적인⑱

in(아니다) + formal(격식적인)

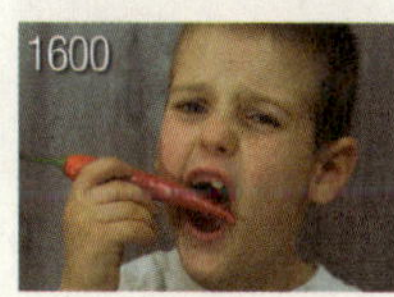

impossible [impásəbl=임파써블]
불가능한⑱

im(아니다) + possible(가능한)

자동암기

🎧 음원 듣기  👁 영상 보기 

초등/중등 수준 단어

innocent 무죄의, 순수한 independent 독립적인 influence 영향 intense 강렬한
include 포함하다 involve 포함하다, 관련되다 indicate 나타내다 increase 증가하다
income 수입 invest 투자하다 invent 발명하다 inspect 검사하다 instruct 지시하다
injure 다치게 하다 impress 감동시키다 immediate 즉각적인

고등 수준 단어

incredible 믿을 수 없는 inevitable 불가피한 inherent 내재된 inspire 영감을 주다
invade 침략하다 install 설치하다 inject 주입하다 infect 감염시키다 insert 삽입하다
induce 유도하다 incorporate 통합하다 inquire 문의하다 inhabit 거주하다 illegal 불법의
immune 면역의 immigrate 이민 오다 import 수입하다 irritate 짜증나게 하다

5 ex: 밖으로

ex-는 주로 '밖으로(out)'를 뜻한다. 드물게 완전히(completely)를 뜻하기도 한다.

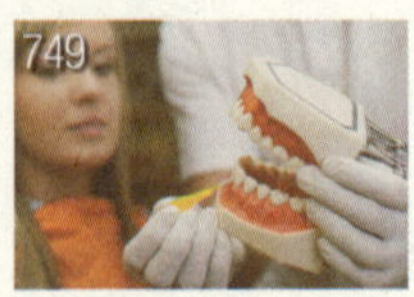

example [igzémpl=이ㄱ잼플]

예시⑲

ex(밖으로) + ample(가져가다): 여러 개중 밖으로 꺼낸 하나.

excuse [ikskjúːz=익ㅅ큐즈]

용서하다⑧ 변명⑲

ex(밖으로) + cuse(원인, 비난): 잘못에서 밖으로 나가게 해주는 것.

expect [ikspékt=익ㅅ펙티]

기대하다⑧

ex(밖으로) + pect(보다): 밖을 보며 다가올 것을 생각하는 것.

자동암기

🎧 음원 듣기

👁 영상 보기

초등/중등 수준 단어

exactly 정확히 exercise 운동, 연습하다 explain 설명하다 except ~을 제외하고
experience 경험 exist 존재하다 expensive 비싼 expert 전문가 exchange 교환하다
express 표현하다 exit 출구 experiment 실험 expose 드러내다, 노출하다 expense 비용
examine 조사하다, 검사하다 extend 연장하다 expand 확장하다 excite 흥분시키다

고등 수준 단어

excellent 훌륭한 executive 경영자, 행정의 explode 폭발하다 explore 탐험하다
exclusive 독점적인, 배타적인 exhibit 전시하다 expertise 전문 지식 extent 정도, 범위
extract 추출하다 excess 과잉 exaggerate 과장하다 extinct 멸종된 export 수출하다
explicit 명시적인 exceed 초과하다 exclude 제외하다 excel 뛰어나다

6 pro: 앞으로

pro-는 앞으로(forward)를 뜻한다.

project [prάdʒekt=프라젝트]

계획된 일⁽명⁾

pro(앞으로) + ject(던지다): 앞으로 계획을 던지며 해나가는 일.

program [próugræm=프뤄우그뢤]

프로그램⁽명⁾

pro(앞에) + gram(쓰다): 앞에 미리 써놓은 작동 순서.

process [prάses=프라쎄시]

과정⁽명⁾

pro(앞에) + cess(가다): 앞으로 나아가는 진행.

자동암기

 ⓔ 음원 듣기    ⓥ 영상 보기

초등/중등 수준 단어

promise 약속하다 protect 보호하다 property 재산 progress 진전, 발전
procedure 절차 propose 제안하다, 청혼하다 provide 제공하다 proceed 진행하다
produce 생산하다 protest 항의하다 profession 직업 pronounce 발음하다
promote 촉진하다 pronunciation 발음

고등 수준 단어

professor 교수 profile 프로필, 윤곽 proportion 비율 provoke 자극하다, 유발하다
profound 심오한 prospect 전망 prominent 저명한 prompt 즉각적인, 촉구하다
province 지방, 주 prohibit 금지하다 prosper 번영하다

7 dis: 아니다

교육부 어휘 빈도: **20회**

dis-는 주로 '아니다(not)'를 뜻한다. 종종 분리(apart)/제거(removal)를 의미하기도 한다.

disappear [dìsəpíər=디써피얼]

사라지다⑧

dis(아니다) + appear(나타나다)

discount [dískàunt=디스카운트]

할인하다⑧

dis(아니다) + count(계산하다): 값을 계산하지 않은 만큼 얻는 것.

discover [diskÁvər=디스커벌]

발견하다⑧

dis(제거) + cover(덮다): 덮여진 것을 제거하면 보이는 안에 있는 것.

자동암기

 음원 듣기    영상 보기

초등/중등 수준 단어

disagree 동의하지 않다 disclose 공개하다 displace 이동시키다, 대체하다
disappoint 실망시키다 display 전시하다 disorder 혼란 disgust 역겨움
disabled 장애가 있는 disadvantage 불리함 discharge 배출하다

고등 수준 단어

distract 산만하게 하다 dismiss 해고하다, 묵살하다 dispute 논쟁
dispose 처리하다, 배치하다 disrupt 방해하다 discourage 낙담시키다
discriminate 차별하다

8 en(=em): 만들다

en- / em-은 주로 '만들다(make)'를 뜻하며, 단어를 동사로 만든다. 드물게 안에(in)를 뜻할 수도 있다(enclose 동봉하다, emphasis 강조 등).

enjoy [indʒɔ́i=인죠이]

즐기다 ⑧

en(만들다) + joy(기쁨): 즐기기 때문에 기쁨을 만드는 것.

ensure [inʃúər=인슈얼]

보장하다 ⑧

en(만들다) + sure(확실한): 갈팡질팡한 마음을 확실하게 만드는 것.

embody [imbádi=임바디]

구현하다 ⑧

em(만들다) + body(몸): 생각이 몸을 갖게 만드는 것.

자동암기

🎧 음원 듣기 　　👁 영상 보기 

초등/중등 수준 단어
enclose 동봉하다　engage 관련시키다　enroll 등록하다　enforce 시행하다
entitle 자격을 주다　employ 고용하다　embarrass 당황하게 하다

고등 수준 단어
enhance 향상시키다　embrace 포옹하다, 수용하다　emphasis 강조

9 sub: 아래에

sub-는 '아래에(under)'를 뜻한다.

subway [sʌ́bwèi=썹웨이]

지하철^명

sub(아래) + way(길): 땅 아래로 난 길 속에 있는 교통수단.

subject [sʌ́bdʒekt=썹젝트]

과목^명 주제^명

sub(아래) + ject(던지다): 아래에 던져진 다뤄야 할 주제.

subscribe [sʌbskráɪb=썹ㅅㅋ롸이브]

구독하다^동

sub(아래) + scribe(쓰다): 문서 아래에 이름을 써서 구독에 동의하는 것.

자동암기

🎧 음원 듣기    ◉ 영상 보기 

초등/중등 수준 단어
subjective 주관적인

고등 수준 단어
substitute 대체하다, 대리인 substance 물질 submit 제출하다 substantial 상당한
submarine 잠수함 submission 제출, 복종 subscribe 구독하다 suburb 교외

10 inter: 사이에

inter-는 '사이에(between)'를 뜻한다. '서로(상호간에)'로 해석하는 것이 더 자연스러울 수도 있다.

interview [íntərvjuː=인털뷰]
면접⁽명⁾ 인터뷰하다⁽동⁾

inter(사이에) + view (보다): 서로 만나서 보고 이야기하는 것.

internet [íntərnèt=인털넽] [U]
인터넷⁽명⁾

inter(사이에) + net (네트워크, 망): 컴퓨터의 얽혀진 망 사이를 연결하는 것.

interact [íntərǽkt=인터랙ㅌ]
상호 작용하다⁽동⁾

inter(서로) + act(행동하다): 서로 주고 받으며 행동하는 것.

자동암기

🎧 음원 듣기 　　　◉ 영상 보기 

초등/중등 수준 단어
international 국제적인　interest 흥미있는, 이자　interrupt 방해하다

고등 수준 단어
interfere 간섭하다　interpret 해석하다, 통역하다　intervene 개입하다　interval 간격 intermediate 중간의

1 퍼즐 문제

com/con
company
computer
condition

1

A 밖으로

re
repeat
remind
return

2

B 아래로

de
depend
depress
destroy

3

C 함께

in/il/im/ir
intend
informal
impossible

4

D 안에,
아니다

ex
example
excuse
expect

5

E 다시

pro
project
program
process

6

F 사이에,
서로

dis
disappear
discount
discover

7

G 아래에

en/em
enjoy
ensure
embody

8

H 앞으로

sub
subway
subject
subscribe

9

I 만들다

inter
interview
internet
interact

10

J 아니다

11 un: 아니다

un-은 '아니다(not)'을 뜻한다.

unusual [ʌnjúːʒuəl=언유쥬얼]

특이한(형)

un(부정) + usual(보통의): 보통이 아닌 것.

unlike [ʌnláɪk=언라이크]

~와 달리(전)

un(부정) + like(같은): 같지 않은 것.

unfair [ʌnféər=언페얼]

불공정한(형)

un(부정) + fair(공정한): 공정하지 않은 것.

자동암기

 음원 듣기    영상 보기

초등/중등 수준 단어
unaware 알지 못하는

고등 수준 단어
unprecedented 전례 없는

수능 수준 단어
unbalance 불균형하게 하다 uncertain 불확실한 unexpected 예상치 못한
unknown 알려지지 않은 unfamiliar 익숙하지 않은 unfortunately 불행히도
unemployed 실업 상태인 unemployment 실업 unlikely 가능성 없는

12 mis : 잘못

mis-는 '잘못(wrong)'을 뜻한다.

mistake [mistéik=미스테잌]

실수⒨

mis(잘못) + take(잡다) : 잘못 행동하거나 생각해서 실수하거나 착각한 것.

mislead [mislíːd=미쓰리이드]

잘못 이끌다⒟

mis(잘못) + lead(이끌다) : 잘못된 길로 이끄는 것.

misuse [misjúːz=미쓰유ㅈ]

오용하다⒟ 남용하다⒟

mis(잘못) + use(사용하다) : 잘못 사용하는 것은 오용하거나 남용하는 것.

자동암기

🎧음원 듣기 　　　👁영상 보기 

수능 수준 단어
misguided 잘못 지도된　misinterpretation 오해

13 nce (=ance/ence): 상태/성질

교육부 어휘 빈도: 30회

-ance/-ence는 동사나 형용사를 명사로 만들며, 주로 '~한 상태/성질'을 뜻한다.

chance [tʃæns=쳰스]

기회 (명)

라틴어 cadere(떨어지다)에서 유래. 주사위가 떨어져서 나온 결과 같은 기회.

dance [dæns=댄스]

춤추다 (동)

고대 프랑스어 dancier에서 유래.

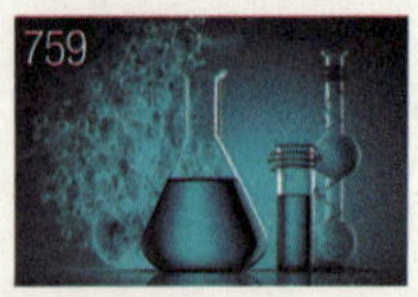

science [sáiəns=싸이언시] [U]

과학 (명)

sci(알다) + ence(명사형): 세상을 아는 학문.

자동암기

🎧 음원 듣기 　　　👁 영상 보기 

초등/중등 수준 단어

insurance 보험　ambulance 구급차　distance 거리　occurrence 발생　audience 청중
evidence 증거　sentence 문장　experience 경험　advance 진보　finance 재정
circumstance 상황　instance 사례　balance 균형　licence 허가　dependence 의존
defence 방어　presence 존재, 참석　fence 울타리　influence 영향

고등 수준 단어

importance 중요성　substance 물질　enhance 향상시키다　inference 추론
emergence 출현　conscience 양심　essence 본질　sequence 순서

14 tion(=sion): 행동의 결과

교육부 어휘 빈도 : 23회

-tion/-sion은 동사를 명사로 만들며, '행동의 결과'를 뜻할 수 있다.

nation [néiʃən=네이션]

나라 명

nat(태어나다) + tion(명사형): 같은 곳에서 태어난 사람들의 집단.

station [stéiʃən=스테이션]

역 명 방송국 명

stat(서다) + tion(명사형): 사람들이 서 있는 곳이므로 역.

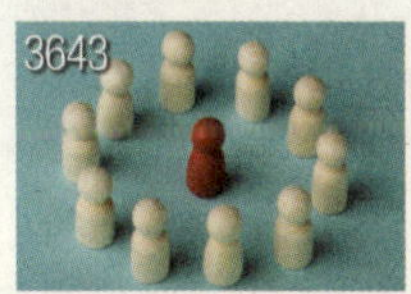

situation [sìtʃuéiʃən=씨츄에이션]

상황 명

situ(위치) + tion(명사형): 본인이 놓인 위치.

자동암기

🎧 음원 듣기    ◉ 영상 보기 

초등/중등 수준 단어

recreation 오락 formation 형성 conversation 대화 transportation 교통
sensation 감각 relation 관계 pronunciation 발음 foundation 토대, 재단
examination 시험 communication 소통

고등 수준 단어

vacation 휴가 population 인구 orientation 오리엔테이션, 방향 occupation 직업
generation 세대 destination 목적지 corporation 기업 administration 행정
reputation 평판 vocation 직업, 소명

15 ture(=sure): 행동의 결과

교육부 어휘 빈도: 22회

-ture/-sure는 **명사**를 만들며, '~한 행동의 결과'를 뜻할 수 있다.

picture [píktʃər-픽쳘]

그림^명 사진^명

pict(그리다) + ure(결과물)

future [fjúːtʃər-퓨쳘]

미래^명

fut(될 것) + ure(명사형): 앞으로 될 것.

nature [néitʃər-네이쳘] [U]

자연^명

nat(태어나다) + ure(명사형): 태어날 때부터 갖고 있는 것.

자동암기

 음원 듣기　　　 영상 보기

초등/중등 수준 단어

culture 문화　creature 생물　feature 특징　manufacture 제조하다　temperature 온도
gesture 몸짓, 제스처　adventure 모험　structure 구조　furniture 가구

고등 수준 단어

sculpture 조각　moisture 습기　departure 출발　architecture 건축　torture 고문
lecture 강의　capture 포획하다　literature 문학　venture 모험, 사업　agriculture 농업

16 or(=er): ~하는 사람/것

교육부 어휘 빈도: 22회

-or/-er는 주로 '~하는 사람/것'을 뜻한다. 다만, 형용사 뒤에 or이 있으면 '더 ~한(비교급)'을 뜻한다(prior 더 앞선, interior 더 안쪽의).

doctor [dáktər=닥털]

의사⁽명⁾ 박사⁽명⁾

doct(가르치다) + or(사람): 가르칠 수 있는 사람.

monitor [mánitər=마니털]

모니터⁽명⁾ 감시하다⁽동⁾

monit(경고하다) + or(것): 경고해주는 감시 장치.

calculator [kǽlkjulèitər=캘큘레이털]

계산기⁽명⁾

calcul(계산하다) + ator(것): 계산하는 물건.

자동암기

🎧 음원 듣기 　　👁 영상 보기 

초등/중등 수준 단어

sponsor 후원하다　factor 요인　sector 부문　inventor 발명가

고등 수준 단어

refrigerator 냉장고　elevator 엘리베이터　professor 교수　mayor 시장　author 저자 ambassador 대사　predator 포식자　censor 검열하다　junior 후배, 어린　major 주요한 senior 선배, 연장자　minor 사소한, 미성년자　superior 상급자, 우월한　prior 이전의 interior 내부

17 er(=or): ~하는 사람/것

교육부 어휘 빈도: 20회

-er / -or은 주로 '~하는 사람/것'을 뜻한다. 다만, 형용사 뒤에 er이 있으면 '더 ~한(비교급)'을 뜻한다(fast 빠른 → faster 더 빠른).

lawyer [lɔ́ːjər=러이열]

변호사 ^명

law(법) + yer(사람): 법을 다루는 사람.

customer [kʌ́stəmər=커스터멀]

고객 ^명

custom(습관/관습) + er(사람): 습관적으로 오는 사람.

drawer [drɔ́ːər=드로얼]

서랍 ^명

draw(끌다/그리다) + er(것/사람): 끌어당겨야 열리는 물건.

자동암기

🎧 음원 듣기    👁 영상 보기 

초등/중등 수준 단어

officer 장교, 공무원 master 주인, 달인 sweater 스웨터 soldier 군인 counter 계산대
shelter 피난처 volunteer 자원봉사자 helicopter 헬리콥터 poster 포스터

고등 수준 단어

trigger 방아쇠 hammer 망치 passenger 승객 butcher 정육점 주인 publisher 출판사
filter 필터, 여과기 eraser 지우개 pioneer 개척자 miner 광부

18 age: ~한 결과/ ~집합

교육부 어휘 빈도: 17회

-age는 **명사**를 만들며, '~한 결과, ~의 집합'을 뜻할 수 있다.

page [peidʒ=페이쥐]

쪽 명

라틴어 **pagina**(고정된 것)에서 유래. 책의 한 면.

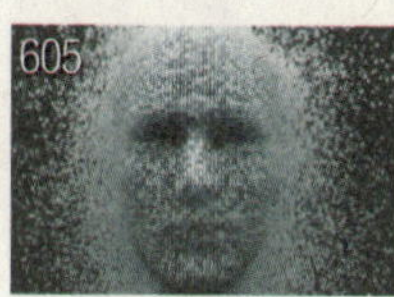

image [ímidʒ=이미쥐]

인상 명 그림 명

imag(모방하다) + **e**: 실제를 모방한 이미지나 형상.

stage [steidʒ=스테이쥐]

무대 명 단계 명

라틴어 **stare**(서다)에서 유래. 서서 공연하는 곳.

자동암기

🔊 음원 듣기 　　　👁 영상 보기 

초등/중등 수준 단어

gar**age** 차고　advant**age** 이점　langu**age** 언어　dam**age** 손해, 피해　mess**age** 메시지
disadvant**age** 불리함　aver**age** 평균　w**age** 임금　c**age** 우리
teen**age** 십대의　cott**age** 시골집　vill**age** 마을

고등 수준 단어

cour**age** 용기　r**age** 분노　pass**age** 통로　outr**age** 격분　herit**age** 유산

19 th: ~한 성질

-th는 동사를 명사로 만들며, '~한 상태/성질'을 뜻할 수 있다. 또는 서수(~번째)를 뜻할 수도 있다(fourth 네 번째, fifth 다섯 번째)

birth [bərθ=벌떠]
출생 ⑲

bear(낳다) + th(명사)

death [deθ=데떠]
죽음 ⑲

die(죽다) + th(명사)

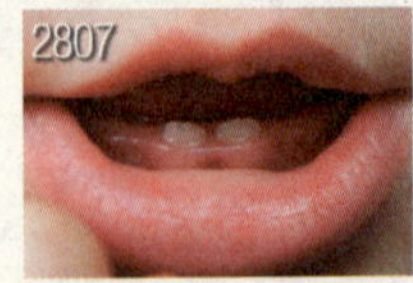

mouth [mauθ=마우떠]
입 ⑲

독일어 기원의 단일어.

자동암기

🎧 음원 듣기

👁 영상 보기

초등/중등 수준 단어
month 월, 달 earth 지구, 흙 bath 목욕 south 남쪽 north 북쪽 tooth 이빨 math 수학 truth 진실 breath 숨 faith 믿음 health 건강 path 길, 경로

고등 수준 단어
myth 신화 wealth 부

20 ment: 행동의 결과

-ment는 동사를 명사로 만들며, '~한 행동'을 뜻할 수 있다.

apartment
[əpáːrtmənt=어팥ㅌ먼ㅌ] 아파트 ⑲

a(~로) + part(부분) + ment(명사형): 건물을 부분으로 나눈 것.

moment [móumənt=모우먼ㅌ]
순간 ⑲

mo(움직이다) + ment(명사형): 움직이는 찰나.

government [gʌ́vərnmənt=기벌인먼ㅌ]
정부 ⑲

govern(다스리다) + ment(명사형): 나라를 다스리는 기관.

자동암기

🎧음원 듣기    👁영상 보기 

초등/중등 수준 단어
assignment 과제 element 요소, 기초 instrument 악기 experiment 실험
document 문서 comment 댓글, 의견

고등 수준 단어
department 부서 equipment 장비 environment 환경 sentiment 감정
monument 기념비 implement 시행하다, 도구 complement 보완하다
supplement 보충하다

🎧 11~20

▶ 11~20

un
unusual
unlike
unfair

1

A 잘못

mis
mistake
mislead
misuse

2

B 상태,
성질
(명사)

nce
chance
dance
science

3

C 행동의 결과
(명사)

tion/sion
nation
station
situation

4

D 행동의 결과
(명사)

ture/sure
picture
future
nature

5

E 아니다

or
doctor
monitor
calculator

6

F ~한 결과,
~집합
(명사)

er
lawyer
customer
drawer

7

G ~하는 사람,
~하는 것
(명사)

age
page
image
stage

8

H ~하는 사람,
~하는 것
(명사)

th
month
death
mouth

9

I ~한 성질 (명사)

ment
apartment
moment
government

10

J 행동 (명사)

21 -ity: 성질

교육부 어휘 빈도: 15회

-ity는 형용사를 명사로 만들며, '~한 성질'을 뜻한다.

community [kəmjúːnəti=커뮤너티]

공동체(명)

com(함께) + mun(의무/봉사) + ity(명사형): 함께 의무를 나누는 집단.

university [jùːnəvəːrsəti=유니벌써티]

대학교(명)

uni(하나) + vers(돌다) + ity(명사형): 여러 학문이 하나로 모인 곳.

quality [kwáləti=쿠얼러티]

품질(명)

qual(어떤 종류의) + ity(명사형): 어떤 종류인지를 나타내는 특성.

자동암기

🎧 음원 듣기    👁 영상 보기 

초등/중등 수준 단어

personality 성격 majority 대다수 curiosity 호기심 complexity 복잡성 identity 정체성

고등 수준 단어

opportunity 기회 charity 자선 facility 시설 dignity 존엄 celebrity 유명인
quantity 양 commodity 상품

22 ist: 사람

-ist는 '~하는 사람, ~을 믿는 사람'을 뜻한다.

cyclist [sáiklist=싸이클리스트]

자전거 타는 사람 명

cycl(바퀴/원) + ist(사람): 바퀴를 돌리는 사람.

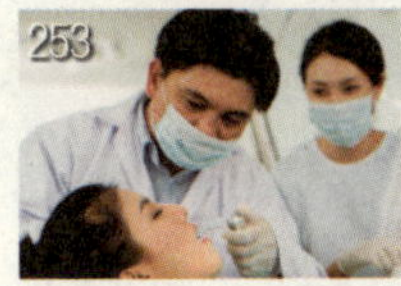

dentist [déntist=덴티스트]

치과의사 명

dent(이) + ist(사람): 이를 다루는 사람.

terrorist [térorist=테뤄뤄스트]

테러리스트 명

terror(공포) + ist(사람): 공포를 주는 사람.

자동암기

 음원 듣기

 영상 보기

고등 수준 단어
communist 공산주의자 optimist 낙관주의자

23 ship: 관계, 자격

-ship은 명사를 만들며 '~의 관계, ~의 자격'을 뜻한다.

member**ship**
[mémbərʃip=멤벌쉽] 회원권^명

member(구성원) + ship(자격)

friend**ship** [frénʃip=프렌쉽] [U]
우정^명

friend(친구) + ship(관계)

relation**ship** [riléiʃənʃip=륄레이션쉽]
관계^명

relation(관계) + ship(관계)

자동암기

음원 듣기

영상 보기

고등 수준 단어
wor**ship** 예배, 숭배하다

24 ness: 상태

-ness는 형용사를 명사로 만들며, '~한 상태'를 뜻한다.

business [bíznis=비즈니스]

사업 ⑲

busy(바쁜) + ness(상태): 바쁜 상태를 대표하는 일.

witness [wítnis=윗(트)니스]

목격자 ⑲ 증인 ⑲

wit(알다) + ness(상태): 사건을 아는 상태인 사람.

happiness [hǽpinəs-해피너스]

행복 ⑲

happy(행복한) + ness(상태): 행복한 상태.

자동암기

🎧 음원 듣기    👁 영상 보기 

25 ism: ~주의, 행위

교육부 어휘 빈도: 1회

-ism은 명사를 만들며, '~주의' 또는 '~의 행위'을 뜻한다

capitalism [kǽpitəlìzm=캐피털리즘]

자본주의^명

capital(자본) + ism(주의)

tourism [túərizm=투어뤼즘]

관광업^명

tour(여행) + ism(행위)

criticism [krítisìzm=크뤼티씨즘]

비평^명 비판^명

critic(비평가) + ism(행위)

자동암기 🎧 음원 듣기  👁 영상 보기 

26 ate: ~하게 만든다

-ate는 주로 명사나 형용사를 '동사'로 만들며 '~하게 만든다(make)'를 뜻한다. 드물게 '명사, 형용사'를 만들기도 한다.

hate [heit=헤잍(트)]

싫어하다 ⑧

독어 기원의 단일어.

date [deit=데잍(트)]

날짜 ⑲ 데이트 ⑲ 데이트하다 ⑧

라틴어 **data**(주어진 것)에서 유래. 주어진 날짜, 또는 만남.

appreciate [əpriːʃieit=어프뤼쉬에잍(트)]

감사하다 ⑧ 감상하다 ⑧

ap(~으로) + **preci**(가치) + **ate**(만든다): 물건이나 행동의 가치를 알아보다.

자동암기

🎧 음원 듣기 　　👁 영상 보기 

초등/중등 수준 단어

congratulate 축하하다　skate 스케이트 타다　concentrate 집중하다　create 창조하다
situate 위치시키다　separate 분리하다　debate 토론하다　estimate 추정하다
frustrate 좌절시키다　investigate 조사하다　decorate 장식하다　educate 교육하다
communicate 의사소통하다　hesitate 망설이다　donate 기부하다

고등 수준 단어

celebrate 축하하다　graduate 졸업하다　cooperate 협력하다　refrigerate 냉장하다
sophisticate 세련되게 하다　update 업데이트하다　manipulate 조종하다
negotiate 협상하다　eliminate 제거하다　translate 번역하다　participate 참여하다
imitate 모방하다　narrate 서술하다　stimulate 자극하다　accelerate 가속하다

27 ize (=ise): ~하게 만든다

교육부 어휘 빈도: 19회

-ize는 명사나 형용사를 동사로 만들며 '~하게 만든다(make)'를 뜻한다. 미국식은 -ize, 영국식은 -ise를 선호하지만, 둘 다 통용된다.

realize [ríːəlàiz=뤼얼라이즈]

깨닫다 ⑧

real(실제의) + ize(만들다): 모르던 것을 알아서 실제로 만든다.

recognize [rékəgnàiz=뤠커ㄱ나이즈]

알아보다 ⑧

re(다시) + cogn(알다) + ize(동사형): 이미 알던 걸 다시 보고 알아보다.

advertise [ǽdvərtàiz=애ㄷ벌타이즈]

광고하다 ⑧

ad(~으로) + vert(돌리다) + ise(동사형): 광고로 관심을 돌리게 하다.

자동암기

🎧 음원 듣기    👁 영상 보기 

초등/중등 수준 단어

emphasize 강조하다 realise 깨닫다 practise 연습하다 advertise 광고하다
advise 조언하다

고등 수준 단어

utilise 활용하다 organise 조직하다 criticise 비판하다 compromise 타협하다
supervise 감독하다 devise 고안하다 revise 수정하다 comprise 구성되다
organize 조직하다 criticize 비판하다 utilize 활용하다

28 **ify**: ~하게 만든다

-ify는 명사나 형용사를 동사로 만들어 '~하게 만든다(make)'를 뜻한다.

clarify [klǽrəfài=클래뤄파이]
명확히 하다(동)

clar(맑은) + ify(만들다): 상황이나 문제를 맑게 만든다.

classify [klǽsəfài=클래써파이]
분류하다(동)

class(분류) + ify(만들다): 기준을 세워서 종류별로 만든다.

qualify [kwúləfài=쿠알러파이]
자격을 주다(동)

qual(어떤 종류의) + ify(만들다): 자격 있는 종류로 만든다.

자동암기   🔊 음원 듣기    👁 영상 보기 

초등/중등 수준 단어
identify 식별하다

고등 수준 단어
unify 통합하다 modify 수정하다

29 ly: ~하게

-ly는 형용사를 **부사**로 만들며 '~하게'를 뜻한다. 드물게 명사에 붙어 형용사를 만들기도 한다(friend → friendly 친한, love → lovely 사랑스러운).

really [ríəli=뤼얼리]

정말 (부)

real(실제의) + **ly**(부사): 실제로, 정말로.

hardly [háːrdli=할들리]

거의 ~하지 않다 (부)

hard(어려운) + **ly**(부사): 어렵게 겨우 한 것.

probably [prábəbli=프롸버블리]

분명히 (부)

prob(증명하다) + **ably**(부사): 증명될 수 있을 정도의 확실함.

자동암기

 🎧 음원 듣기

 👁 영상 보기

초등/중등 수준 단어

eventual**ly** 결국 especial**ly** 특히 late**ly** 최근에 frank**ly** 솔직히 certain**ly** 확실히
absolute**ly** 절대적으로 total**ly** 완전히 final**ly** 마침내 exact**ly** 정확히 particular**ly** 특히

30 -al : ~의

-al은 명사를 형용사로 만들며 '~의'를 뜻한다. 드물게 동사를 명사로 만들기도 한다(arrive → arrival 도착, refuse → refusal 거절).

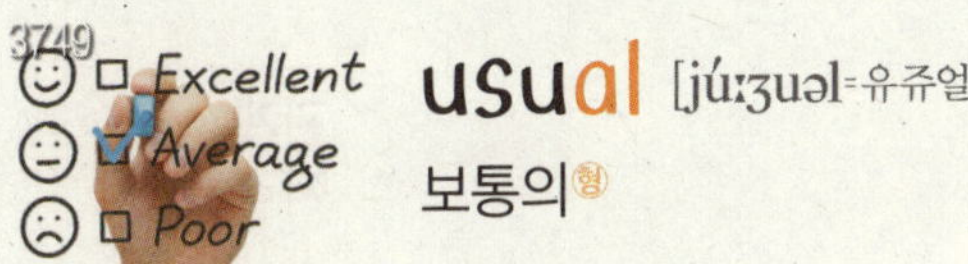

usual [júːʒuəl = 유쥬얼]

보통의 ⑲

us(사용하다) + ual(형용사): 평소에 사용되는.

actual [ǽktʃuəl = 액츄얼]

실제의 ⑲

act(행동) + ual(형용사): 행동으로 나타난 것.

special [spéʃəl = 스뻬셜]

특별한 ⑲

speci(종류) + al(형용사): 특별한 종류의 것.

자동암기

 🎧 음원 듣기

 👁 영상 보기

초등/중등 수준 단어

racial 인종의 official 공식적인 international 국제적인 literal 문자 그대로의
formal 공식적인 informal 비공식적인 factual 사실에 근거한 casual 캐주얼한, 우연한
criminal 범죄자 especial 특별한 local 지역의 mental 정신의 total 전체의
general 일반적인 medical 의학의 physical 신체의, 물질의 social 사회적인
legal 법적인, 합법의 final 마지막의 several 너댓의 gradual 점진적인 causal 원인의
royal 왕의 practical 실용적인 annual 매년의 moral 도덕의 internal 내부의 equal 같은

고등 수준 단어

virtual 가상의 verbal 언어의 substantial 상당한 original 원래의 normal 정상적인
global 세계적인 ethical 윤리적인 essential 필수적인 artificial 인공적인 loyal 충성스러운

ity community university quality	1	A 관계, 자격 (명사)
ist cyclist dentist terrorist	2	B ~하는 사람 (명사)
ship membership friendship relationship	3	C 성질 (명사)
ness business witness hapiness	4	D 성질 (명사)
ism capitalism tourism criticism	5	E ~주의 (명사)

ate
hate
date
appreciate

6

F ~의 (형용사)

ize/ise
realize
recognize
advertise

7

G ~하게 (부사)

ify
clarify
classify
qualify

8

H ~하게 만든다 (동사)

ly
really
hardly
probably

9

I ~하게 만든다 (동사)

al
usual
actual
special

10

J ~하게 만든다 (동사)

31 ent (=ant): ~하는 사람, 것

교육부 어휘 빈도: 31회

ent는 동사를 형용사나 명사로 만들어 '~하는 사람, ~하는 것'을 뜻한다.

patient [péiʃənt=페이션트]

참을성 있는 (형) 환자 (명)

pati(참다) + ent(~하는 사람): 아파도 참아야만 하는 사람.

innocent [ínəsnt=이너쓴트]

무죄의 (형) 순수한 (형)

in(아니다) + noc(해치다) + ent(~하는): 누구도 해치지 않는 상태.

student [stjúːdənt=스튜던트]

학생 (명)

stud(열심히 하다) + ent(~하는 사람): 열심히 공부하는 사람.

자동암기

🎧 음원 듣기    ◉ 영상 보기 

초등/중등 수준 단어

accident 사고 independent 독립적인 current 현재의 violent 폭력적인 recent 최근의

고등 수준 단어

urgent 긴급한 sufficient 충분한 resident 거주자 president 대통령 excellent 훌륭한 different 다른 convenient 편리한 consistent 일관된 confident 자신감 있는 competent 유능한 decent 괜찮은, 예의 바른 incident 사건 permanent 영구적인 intelligent 지능적인 magnificent 웅장한 efficient 효율적인 apparent 명백한 adolescent 청소년 frequent 빈번한 ingredient 재료 prominent 저명한 component 구성 요소 inherent 내재된

32 ic: ~의

-ic은 명사를 형용사로 만들어 '~의/~적인'을 뜻한다. -ical 형태가 붙은 형용사로 확장되기도 한다(historical 역사적인, political 정치적인).

magic [mǽdʒik=매쥑(ㅋ)]

마법⑲ 마술의⑲

mag(크다/힘) + ic(형용사): 큰 힘을 가진 것.

public [pʌ́blik=퍼블릭]

공공의⑲

publ(사람들) + ic(형용사): 사람들이 같이 쓰는 것.

plastic [plǽstik=플래스틱] [U]

플라스틱⑲ 성형의⑲

plast(형성하다) + ic(형용사): 쉽게 모양을 형성할 수 있는 물건.

자동암기

🔊 음원 듣기 

👁 영상 보기 

초등/중등 수준 단어

comic 만화, 희극의 classic 고전적인 programmatic 프로그램적인 graphic 그래픽의
fantastic 환상적인 characteristic 특징 electric 전기의 automatic 자동의
domestic 국내의 specific 구체적인

고등 수준 단어

organic 유기적인 genetic 유전적인 romantic 낭만적인 terrific 훌륭한 tragic 비극적인
toxic 독성의 exotic 이국적인 mechanic 정비사 chronic 만성적인 electronic 전자의
enthusiastic 열정적인 authentic 진정한 dynamic 역동적인 ethnic 민족의
aesthetic 미적인 linguistic 언어학적인

33 ous: ~한 상태

-ous는 명사를 형용사로 만들어 '~한 상태/~가 많은'을 뜻한다.

delicious [dilíʃəs=딜리셔시]

맛있는(형)

delic(기쁘게 하다) + ious(형용사): 음식이 사람을 기쁘게 하는 상태.

serious [síəriəs=씨뤼어씨]

진지한(형)

seri(무거운) + ous(형용사): 분위기가 무거운 상태.

nervous [nə́ːrvəs=널버시]

긴장한(형)

nerv(신경) + ous(형용사): 신경이 예민한 상태.

자동암기

🔊 음원 듣기 　　👁 영상 보기 

초등/중등 수준 단어

jealous 질투하는　curious 호기심 많은　gorgeous 아주 멋진　obvious 분명한　previous 이전의　conscious 의식하는　anxious 불안한, 걱정하는　various 다양한　enormous 거대한

고등 수준 단어

vigorous 활기찬　ridiculous 우스꽝스러운　harmonious 조화로운　furious 격노한　famous 유명한　ambitious 야심찬　generous 관대한　tremendous 엄청난　numerous 수많은　simultaneous 동시의

34 -y: ~한 상태

-y는 명사를 형용사로 만들어 '~한 상태/~가 많은'을 뜻한다.

healthy [hélθi=헬띠]

건강한 ^형

health(건강) + y(형용사): 건강을 가진 상태.

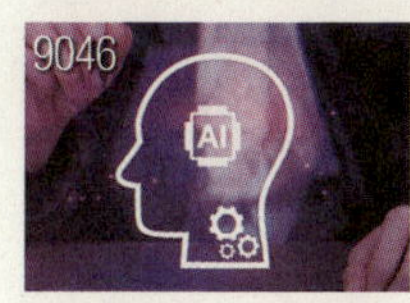

easy [íːzi=이지]

쉬운 ^형

고대 프랑스어 aisié(편안한)에서 유래.

dirty [də́ːrti=더티]

더러운 ^형

dirt(먼지/흙) + y(형용사): 먼지가 묻은 상태.

자동암기

음원 듣기    영상 보기 

초등/중등 수준 단어

happy 행복한 pretty 예쁜, 꽤 busy 바쁜 lazy 게으른 heavy 무거운 gray 회색의 (미국식) grey 회색의 (영국식) funny 웃긴 hungry 배고픈 guilty 유죄의, 죄책감 있는 tiny 아주 작은 empty 빈, 비우다 tidy 깔끔한 steady 꾸준한

고등 수준 단어

crazy 미친 nasty 불쾌한

35 ble (=able, ible) : ~할 수 있는

교육부 어휘 빈도 : 17회

-ble은 동사를 형용사로 만들어 '~할 수 있는'을 뜻한다.

possible [pásəbl=파써블]

가능한⁽형⁾

poss(할 수 있다) + ible(할 수 있는)

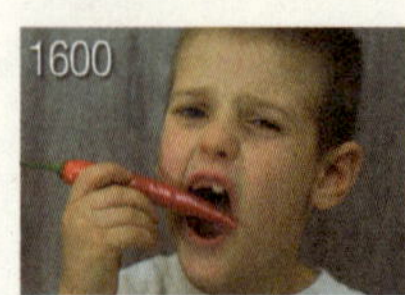

impossible [impásəbl=임파써블]

불가능한⁽형⁾

im(아니다) + possible(가능한)

terrible [térəbl=테뤄블]

끔찍한⁽형⁾

terr(두렵게 하다) + ible(할 수 있는)

자동암기

🎧 음원 듣기 

👁 영상 보기 

초등/중등 수준 단어
responsible 책임 있는　capable ~할 능력이 있는　comfortable 편안한
reasonable 합리적인　probable 있을 법한

고등 수준 단어
inevitable 불가피한　incredible 믿을 수 없는　available 이용 가능한　sensible 분별 있는
flexible 유연한　visible 보이는　compatible 호환되는　credible 믿을 만한
evitable 피할 수 있는

36 ant(=ent): ~하는 사람, 것

교육부 어휘 빈도: 17회

-ant는 동사를 형용사나 명사로 만들어 '~하는 사람, ~하는 것'을 뜻한다.

pleasant [pléznt=플레즌트]

즐거운 (형)

pleas(기쁘게 하다) + ant(형용사)

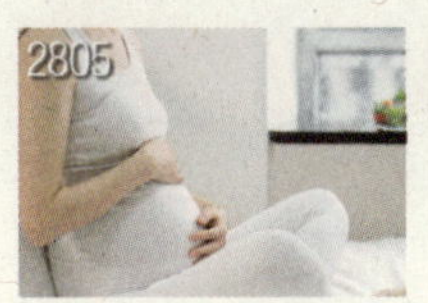

pregnant [prégnənt=프뤠그넌트]

임신한 (형)

pre(앞에) + gn(낳다) + ant(형용사): 아기를 낳기 전의 상태.

brilliant [bríljənt=브륄리언트]

훌륭한 (형) 눈부신 (형)

brill(빛나다) + iant(형용사): 빛나는 상태.

자동암기

🎧 음원 듣기 　　👁 영상 보기 

초등/중등 수준 단어

assistant 조수　significant 중요한　applicant 지원자　instant 즉각적인　constant 끊임없는

고등 수준 단어

migrant 이주민　important 중요한　dominant 지배적인　defendant 피고인
abundant 풍부한　relevant 관련된　elegant 우아한　reluctant 꺼리는　tenant 세입자

37 ive: ~적인 성질

-ive는 형용사를 만들어 '~적인'을 뜻할 수 있다.

expensive [ikspénsiv=익스펜씹(ㅂ)]

비싼⑬

ex(밖으로) + pens(지불하다) + ive(형용사): 많이 지불해야 하는 성질.

positive [pázətiv=파저팁(ㅂ)]

긍정적인⑬

posit(놓다) + ive(형용사): 확실하게 놓인 것.

negative [négətiv=네거팁(ㅂ)]

부정적인⑬

neg(아니다) + ative(형용사): 아닌 것으로 보는 것.

자동암기

 음원 듣기

 영상 보기

초등/중등 수준 단어

subjective 주관적인 respective 각자의 relative 친척 objective 목표
effective 효과적인

고등 수준 단어

exclusive 독점적인 comprehensive 종합적인 alternative 대안 aggressive 공격적인
perspective 관점 executive 경영자 primitive 원시적인

38 ary: ~의

명사를 형용사로 만들어 '~의'를 뜻한다. 종종 명사를 만들기도 한다(library 도서관, dictionary 사전 등).

necessary [nésəsèri=네서쎄뤼]

필수적인⑲

ne(아니다) + cess(가다) + ary(형용사): 이것을 지나쳐 갈 수 없는 이유.

military [mílətèri=밀러테뤼]

군사적인⑲

milit(군인) + ary(형용사)

secondary

[sékəndèri=쎄컨데뤼] 부수적인⑲ 중고등의⑲

second(두 번째) + ary(형용사): 두 번째로 중요한 것들.

자동암기

🎧 음원 듣기  👁 영상 보기 

초등/중등 수준 단어

secretary 비서 summary 요약 primary 주요한 elementary 초등의
ordinary 평범한 dictionary 사전

고등 수준 단어

anniversary 기념일 temporary 일시적인 extraordinary 비범한 contrary 반대의
vocabulary 어휘 contemporary 현대의

39 **-ful:** ~로 가득한

-ful은 명사를 형용사로 만들어 '~로 가득한'을 뜻한다. –less와 반대 의미다.

beautiful [bjúːtifl=뷰티플]

아름다운⑱

beauty(아름다움) + ful(가득한)

wonderful [wʌ́ndərfl=원덜플]

(놀랍도록) 멋진⑱

wonder(놀라움) + ful(가득한)

peaceful [píːsfl=피이스플]

평화로운⑱

peace(평화) + ful(가득한)

자동암기

 음원 듣기

 영상 보기

고등 수준 단어
awful 끔찍한 grateful 감사하는

40 less: ~이 없는

-less는 명사를 형용사로 만들어 '~이 없는'을 뜻한다. -ful과 반대 의미다.

useless [júːslis=유슬리시]
쓸모없는⒣

use(사용) + less(없는)

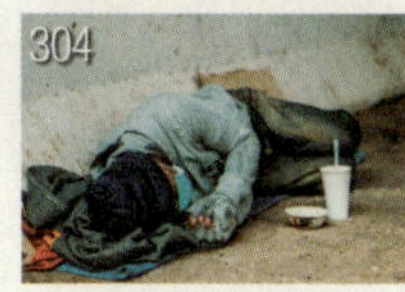

homeless [hóumləs=호움리시]
집 없는⒣

home(집) + less(없는)

endless [éndləs=엔들리시]
끝없는⒣

end(끝) + less(없는)

자동암기

🎧 음원 듣기

◉ 영상 보기

고등 수준 단어
nevertheless 그럼에도 불구하고　nonetheless 그럼에도 불구하고

 31~40 31~40

4 퍼즐 문제

ent/ant
patient
innocent
student

1

A ~의 (형용사)

ic
magic
public
plastic

2

B ~할 수 있는 (형용사)

ous
delicious
serious
nervous

3

C ~하는 사람, ~하는 것 (형용사, 명사)

y
healthy
easy
dirty

4

D ~한 상태 (형용사)

ble
possible
impossible
terrible

5

E ~한 상태 (형용사)

ant/ent
pleasant
pregnant
brilliant
6
F
~하는 사람,
~하는 것
(형용사, 명사)

ive
expensive
positive
negative
7
G
~이 없는
(형용사)

ary
necessary
military
secondary
8
H
~의
(형용사)

ful
beautiful
wonderful
peaceful
9
I
~적인 성질
(형용사)

less
useless
homeless
endless
10
J
~로 가득한
(형용사)

41 ish: ~같은

-ish는 명사나 형용사에 붙어 '~같은'을 뜻한다. 부정적인 어감을 가지거나,
대략적임을 나타낸다.

selfish [sélfiʃ=쎌피쉬]

이기적인⟨형⟩

self(자기) + ish(~같은): 자기만 생각하는 것.

foolish [fúːliʃ=풀리쉬]

어리석은⟨형⟩

fool(바보) + ish(~같은)

childish [tʃáildiʃ=촤일디쉬]

유치한⟨형⟩

child(아이) + ish(~같은)

자동암기

🎧 음원 듣기 　　　👁 영상 보기 

42 vis (=vid) : 보이다

vis/vid는 '보이다(see)'를 뜻한다.

video [vídiòu=비디오우]

영상명

vid(보다) + eo : 보는 것.

television [téliviʒən=텔리비젼]

텔레비전명

tele(멀리) + vis(보다) + ion(명사형) : 멀리서 보는 것.

vision [víʒən=비젼]

시력명 비전명

vis(보다) + ion(명사형) : 보는 것.

자동암기

 🔊 움원 듣기

 👁 영상 보기

초등/중등 수준 단어
evidence 증거 provide 제공하다 advise 조언하다 individual 개인 divide 나누다

고등 수준 단어
visual 시각적인 visible 보이는 supervise 감독하다 devise 고안하다 revise 수정하다
division 분할, 부서 provision 제공, 조항 revision 수정 supervision 감독 adviser 조언자
provided 제공된, ~라면 providing 제공하는, ~라면 revised 수정된

수능 수준 단어
evident 명백한 invisible 보이지 않는 supervisor 감독자 visa 비자

43 port: 나르다

port는 '나르다(carry)'를 뜻한다.

airport [ɛ́ərpɔ̀ːrt=에얼폴트]

공항ⓜ

air(공기/하늘) + port(항구): 하늘의 항구.

report [ripɔ́ːrt=뤼폴트]

보고하다ⓢ 보고서ⓜ 보도하다ⓢ

re(다시) + port(나르다): 정리해서 다시 가져오다.

support [səpɔ́ːrt=써폴트]

지지하다ⓢ 부양하다ⓢ

sup(아래에서) + port(나르다): 아래에서 받쳐 나르다.

자동암기

🔊 음원 듣기 　　👁 영상 보기 

초등/중등 수준 단어
port 항구 transport 운송하다 transportation 교통

고등 수준 단어
important 중요한 opportunity 기회 passport 여권 importance 중요성
import 수입하다 export 수출하다 opportune 적절한

수능 수준 단어
supporter 지지자 reporter 기자 reportedly 보도에 따르면 supportive 지지하는

44 log: 말 / logy: 학문

log는 '말(word)'을 뜻하며, -logy 형태는 '~학문(study of)'을 뜻한다.

dialogue [dáiəlɔ̀ːg=다이얼럭(ㄱ)]

대사^명 대화^명 (=dialog 미국식)

dia(사이에) + log(말하다) + ue: 서로 사이에서 말하는 것.

technology [teknálədʒi=테크날러쥐]

(과학) 기술^명

techno(기술) + logy(학문): 기술에 대한 학문.

catalogue [kǽtəlɔ̀ːg=캐털럭(ㄱ)]

목록^명

cata(아래로/완전히) + log(말하다) + ue: 완전히 나열한 것.

자동암기

 음원 듣기

 영상 보기

고등 수준 단어

apology 사과 logic 논리 psychology 심리학 biology 생물학 sociology 사회학
geology 지질학 ideology 이념

수능 수준 단어

biological 생물학적인 logical 논리적인 analogy 비유, 유추 archaeologist 고고학자
ecological 생태학적인 logo 로고 theology 신학 methodology 방법론
apologize 사과하다 psychological 심리적인 psychologist 심리학자
apologetic 사과하는 archaeological 고고학적인 archaeology 고고학
ideological 이념적인 technological 기술적인

45 spect: 보다

spect는 '보다(look)'를 뜻한다. vis/vid(p.51)는 자연스럽게 '보이다(see)'이고, spect는 의도적으로 '바라보다/살피다(look)'이다.

respect [rispékt=뤼스펙트]

존경하다⑧ 존중하다⑧ 존경⑲

re(다시) + spect(보다): 그 사람이 다시 보이는 이유.

suspect [səspékt=써스펙트]

의심하다⑧ 용의자⑧

sus(아래에서) + spect(보다): 아래에서 (몰래) 올려다보는 이유.

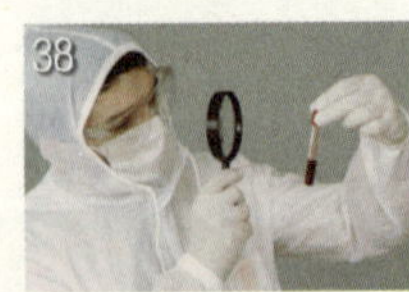

inspect [inspékt=인스펙트]

검사하다⑧

in(안을) + spect(보다): 자세히 안을 들여다보는 이유.

자동암기

🔊 음원 듣기 　　　👁 영상 보기 

초등/중등 수준 단어
respective 각자의

고등 수준 단어
perspective 관점　prospect 전망　aspect 측면　spectacle 광경
spectrum 스펙트럼, 범위

수능 수준 단어
spectator 관중　spectacular 장관인　inspection 검사　inspector 검사관
respectively 각각　retrospect 회고　prospective 장래의

46 gen: 낳다/종류

gen은 주로 '낳다(birth)'를 뜻한다. 또는 드물게 같은 곳에서 태어난 '종류(kind)'를 뜻할 수도 있다.

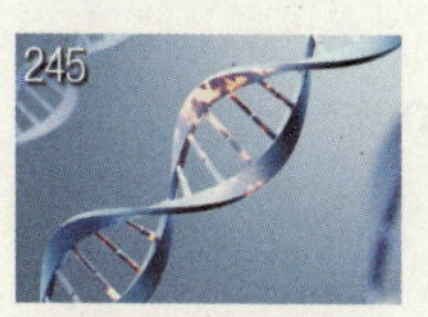

gene [dʒíːn=쥔]
유전자⒨

gen(낳다/생기다): 낳는 것.

gender [dʒéndər=젠덜]
성별⒨

gen(낳다) + der: 낳는 역할에 따른 구분.

general [dʒénərəl=제너럴]
일반적인⒡ 장군⒨

gen(종류) + eral(형용사형): 대부분의 종류에 해당하는 것.

자동암기

음원 듣기 　　영상 보기 

고등 수준 단어
genius 천재　generous 관대한　genetic 유전적인　generation 세대　genuine 진짜의
generate 생성하다

수능 수준 단어
generalization 일반화　hydrogen 수소　generic 일반적인　generally 일반적으로
genre 장르　genocide 집단 학살　genuinely 진정으로　indigenous 토착의　oxygen 산소

47 tain: 잡다

tain은 '잡고 있다(hold)'를 뜻한다.

maintain [meintéin=메인테인]
유지하다⑧

main(손) + tain(잡다): 손으로 잡고 있다.

entertain [èntərtéin=엔털테인]
즐겁게 하다⑧

enter(사이에) + tain(잡다): 사이에 잡고 있다.

contain [kəntéin=컨테인]
포함하다⑧

con(함께) + tain(잡다): 함께 잡고 있다.

자동암기

 음원 듣기　　　　 영상 보기

고등 수준 단어
sustain 유지하다　retain 유지하다　obtain 얻다

수능 수준 단어
sustainable 지속 가능한　attain 달성하다　entertainment 오락　container 용기
unsustainable 지속 불가능한　detain 구금하다

48 dict: 말하다

dict는 '말하다(say)'를 뜻한다. t가 빠진 dic- 형태로도 쓴다.

dictionary [díkʃənèri=딕셔네뤼]

사전®

dict(말하다) + ion + ary(장소/모음): 말들을 모아둔 것.

predict [pridíkt=프뤼딕트]

예측하다⑧

pre(미리) + dict(말하다): 앞으로의 일을 미리 말하다.

addict [ǽdikt=애딕트] [ədíkt=어딕트]

중독자® 중독시키다⑧

ad(~에) + dict(말하다): 빚에 대한 판결(말)로 노예가 된 사람.

자동암기

 음원 듣기    영상 보기

고등 수준 단어
dictate 지시하다, 받아쓰게 하다 contradict 모순되다

수능 수준 단어
prediction 예측 jurisdiction 관할권 dictator 독재자 addiction 중독
contradiction 모순 predictable 예측 가능한 verdict 판결

49 tract: 끌다

교육부 어휘 빈도: 5회

tract는 '끌다(pull)'를 뜻한다.

contract [kántrækt=칸트랙트]

계약(명) 계약서(명)

con(함께) + tract(끌다): 함께 끌어당겨 합의하는 것.

attract [ətrǽkt=어트랙트]

끌다(동) 매혹하다(동)

at(~으로) + tract(끌다).

distract [distrǽkt=디스트랙트]

산만하게 하다(동)

dis(떨어져) + tract(끌다): 다른 곳으로 떨어지게 끌다.

자동암기

 음원 듣기    영상 보기

고등 수준 단어
extract 추출하다 abstract 추상적인

수능 수준 단어
attraction 매력, 명소 attractive 매력적인 distraction 산만함 extracted 추출된
contractor 계약자

50 cess: 가다

cess는 '가다(go)'를 뜻한다. 동사형에서는 –ceed나 –cede로 나타난다
(proceed 진행하다, succeed 성공하다 등).

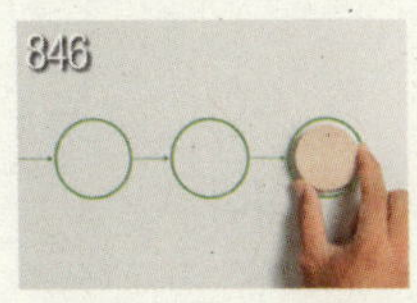

process [práses=프라쎄시]

과정명

pro(앞으로) + cess(가다)

access [ǽkses=액쎄시] [U]

접근명 이용 권한명

ac(~으로) + cess(가다): ~쪽으로 갈 수 있는 것.

success [səksés=썩쎄시]

성공명

suc(아래에서 위로) + cess(가다): 아래에서 위로 올라가다.

자동암기

 🔊 음원 듣기　　　　👁 영상 보기 

고등 수준 단어
excess 과잉

수능 수준 단어
excessive 과도한　succession 연속, 승계　successor 후계자　processor 처리 장치
predecessor 전임자　concession 양보　recession 경기 침체　successful 성공적인
unsuccessful 실패한　accessible 접근 가능한　processing 처리　successive 연속적인

ish
selfish
foolish
childish

1

A 보이다

vis/vid
video
television
vision

2

B 보다

port
airport
report
support

3

C ~같은 (형용사)

log/logy
dialogue
technology
catalogue

4

D 말,
학문

spect
respect
suspect
inspect

5

E 나르다

gen
gene
gender
general

6

F 끌다

tain
maintain
entertain
contain

7

G 잡다

dict
dictionary
predict
addict

8

H 낳다, 종류

tract
contract
attract
distract

9

I 가다

cess
process
access
success

10

J 말하다

수준별 마이클리시 도서

말하기 · 쓰기

아빠표 영어 구구단
영상 강의 포함

8시간에 끝내는
기초영어 미드천사
<왕초보 패턴>
음성 강의 포함

8시간에 끝내는
기초영어 미드천사
<기초회화 패턴>
음성 강의 포함
PDF 무료 제공: miklish.com

유레카 팝송
영어회화 200
영상 강의 포함

알파벳 따라쓰기
572
<1500원 특가>

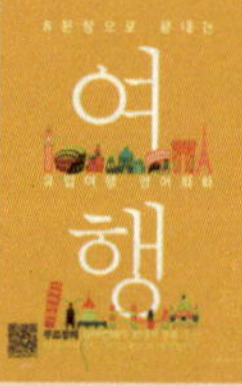

8문장으로 끝내는
유럽여행 영어회화
음성 강의 포함

단단 기초
영어공부 혼자하기
영상 강의 포함

신호등 영작200
영상 강의 포함

6시간에 끝내는
생활영어 회화천사
<5형식/준동사>
음성 강의 포함

읽기

초등영어 파닉스
119
<1500원 특가>

2시간에 끝내는
한글영어 발음천사
<7500원 특가>
영상 강의 포함
음성 강의 포함

2027년
출간예정

원서 시리즈2

중학영어 독해비급
영상 강의 포함

챗GPT 영어명언
필사 200

스스로 끝까지 볼 수 있는, 기존에 없던 최고의 책만을 만듭니다.
수준에 맞는 책을 선택하시면 절대 후회하지 않으실 것입니다.
자세한 책 소개는 <영어 공부법 MBTI (1,000원)>를 참고하세요.

중급 중학생 ~ 고등학생 수준　　　**고급** 대학생 ~ 영어 전공자 수준

4시간에 끝내는
영화영작
<기본패턴>

4시간에 끝내는
영화영작
<응용패턴>

4시간에 끝내는
영화영작
<완성패턴>

모든 책에 책의 본문 전체를 읽어주는
'원어민MP3'를 담았기에,
말하기/듣기 훈련이 가능합니다.

대부분의 책에 '무료 음성 강의'나
'무료 영상 강의'를 포함하기에,
혼자서도 익히기 쉽습니다.

한 번에 여러 권을 사지 마시고,
한 권을 반복해서 2번~5번 익힌 뒤에,
다음 책을 사는 것을 추천합니다.

6시간에 끝내는
생활영어 회화천사
<전치사/접속사/
조동사/의문문>
음성 강의 포함

이상한 나라의 앨리스
영화 영어공부
공부법 영상 강의 포함

30분에 끝내는
영어 필기체

TOP10 연설문
음성강의 포함

2027년
출간예정

원서 시리즈1

잠언 영어성경

고등영어 독해비급
영상 강의 포함

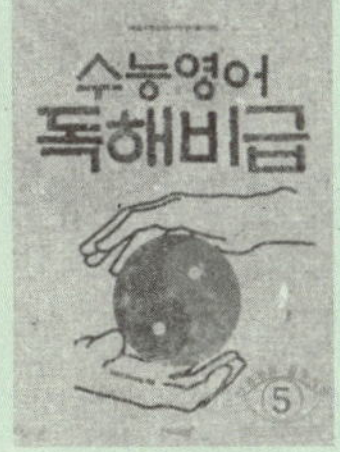

수능영어 독해비급
2027 출간 예정

TOP10
영한대역 단편소설

매일 영단어 카톡

매일 영어 단어 8~10개를 드립니다.
음악을 순서대로 반복해서 들으면 무음 구간에서
다음 곡이 떠오르는 음악 연상 암기 기법을
단어 암기에 적용했습니다.

실시간 질문/답변도 가능합니다. 어서 들어오세요!

마이클리시 영어공부 단톡방 주소
bit.ly/miklish